Couverture inférieure manquante

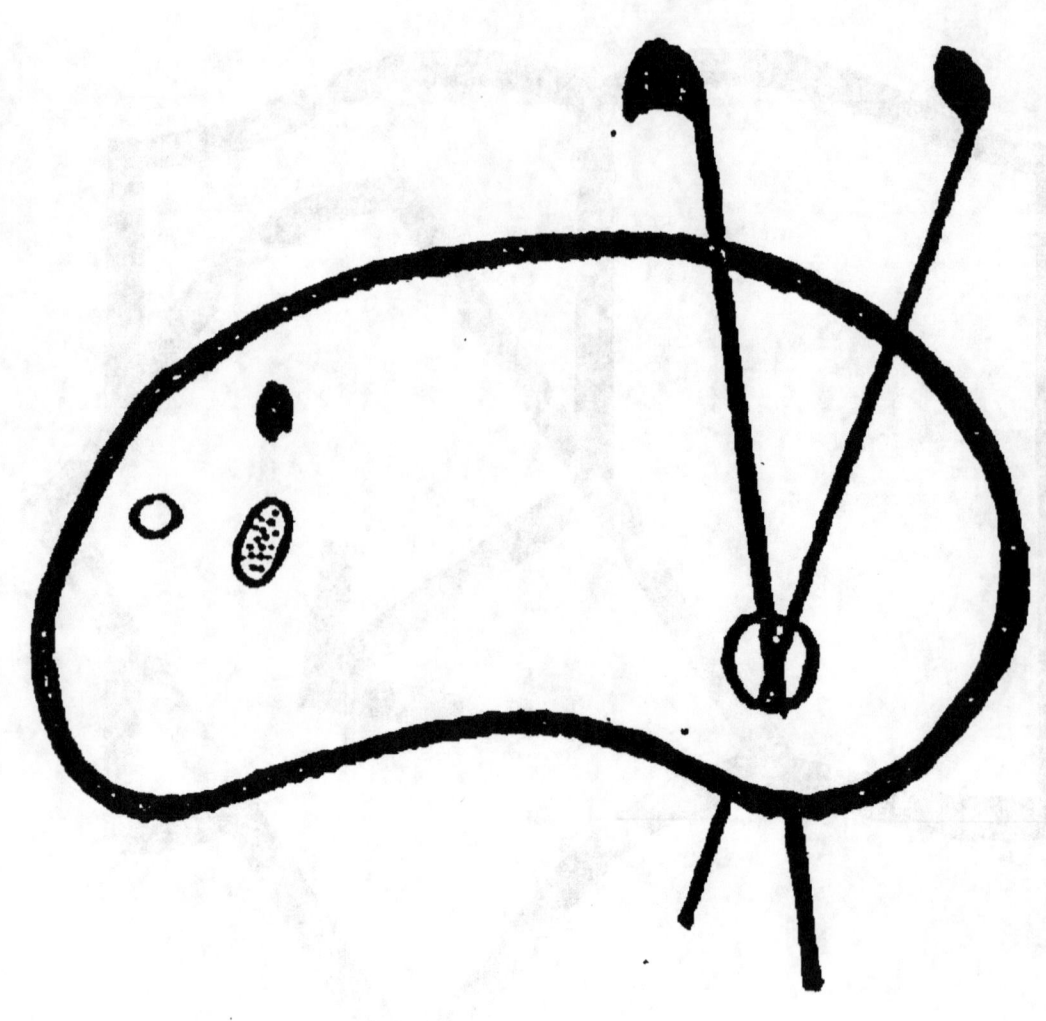

ORIGINAL EN COULEUR
NF Z 43-120-8

EXCURSION

DANS

LE MORVAN

PAR

A. BETHOUART

CHARTRES
IMPRIMERIE GARNIER
15, RUE DU GRAND-CERF
—
1898

EXCURSION DANS LE MORVAN

EXCURSION

DANS

LE MORVAN

PAR

A. BETHOUART

CHARTRES
Imprimerie GARNIER
15, RUE DU GRAND-CERF
—
1898

EXCURSION DANS LE MORVAN

I

CHATEAU-ROUGE, SAINT-HONORÉ

Gardefeu... Gardefeu gagne... il arrive... comme il veut... le brave cheval... Ah ! le voilà distancé ! premier, le Roi Soleil ; le Grand Prix est à lui... adieu, la forte somme.

Paris devient désagréable ; plus rien ; c'est fini ; il est temps de partir ; en route pour le Nivernais, le Morvan, séjours délicieux où de bons amis nous attendent.

Le train est encombré, il faut le dédoubler ; Vichy, la ville d'eaux cosmopolite, la plus fréquentée du monde, réclame déjà ses nombreux visiteurs.

A Nevers nous descendons ; nos amis sont là ; quelle joie de les revoir ; quelles agréables journées nous passerons ensemble.

Nous voici au Château-Rouge, dominant la

Loire qui coule, timide, à ses pieds, protégeant son vignoble connu, — vingt pièces de vin cette année, paraît-il; quel espoir! — escorté de ses prés au foin odorant, mets recherché par les beaux bœufs blancs qui font l'orgueil de cette région.

Quelles bonnes et longues causeries sur la terrasse d'où la vue s'étend au loin sur ce riant et verdoyant pays; tout près, les hautes cheminées d'usines à fer dont la fumée par sa direction indique le temps; baromètres infaillibles, à coup sûr.

L'excursion de Sauvigny-les-Bois tout entière; visite de son église modeste mais rappelant les temps d'autrefois; le château commandant l'étang où de vigoureuses Nivernaises, aux bras puissants, battent et écrasent le linge qui gémit sous leurs coups répétés; le repos au Café de la Paix du cru où l'hôtesse nous sert une eau fraîche, délicieuse.

Journée charmante.

Mais un filleul aimé fête son parrain chéri; gai, primesautier, il aime la pédale, l'auto, la chasse, la pêche, etc., etc.; il pratique aussi le calembour, l'à peu près.

— Ici, dit l'aimable farceur, on a de tout; le climat est si heureux; voyez la voie ferrée; les poteaux télégraphiques portent des fruits.

— Vraiment, mon jeune ami.

— Mais oui; des pêches télégraphiques y viennent toute l'année.

— Oh! Oh!

— Quelle figure, mon garçon.

— Ah! oui, parrain chéri; on me fait prendre du fer; cela me donne des clous.

— Assez, assez.

Aussi bien, tous, ici, sont si accueillants, si aimables; le charme des nobles dames qui gouvernent ce château vous étreint si bien, le calme de la vie est tel, que cet odieux Paris, à l'âcre poussière, au bruit assourdissant, aux cris répétés des camelots, des marchands de journaux, du Paris-Sport, est remisé au fond du passé.

Vive donc le Nivernais, sa verdure, ses coteaux, ses bœufs blancs, ses bois et la Loire qui fait sa gloire.

Un trajet trop court, plus pittoresque encore, nous conduit par Cercy-la-Tour, à la terre riche et grasse, à Saint-Honoré-les-Bains, dans un site ravissant plein de verdure et de fraîcheur.

Oh! les aimables gens — gentil aussi mon vieux ami — qui nous attendent pour un baptême.

Le joli bébé, catéchumène docile, à l'église est porté; l'heureuse grand'mère remplit sa mission de marraine avec joie; le parrain débite, sans erreur, un credo bien appris. Puis à la sacristie, l'excellent curé du bourg rédige l'acte; aussitôt, une demi-douzaine de gamins, sonneurs improvisés, se pendent aux cordes des cloches dont le joyeux carillon attire leurs nombreux camarades.

Les invités sortent de l'église; tous, sans exception, du bébé au grand-père, sont saisis par quatre photographes d'occasion pendant que le parrain, d'un beau geste, lance au public enchanté des petites pierres sucrées dont pas une ne se perd.

Saint-Honoré, assis au pied du Morvan, à 300 mètres sur mer, rend la vie aux malades; sa réputation s'étend de plus en plus; mais aux touristes il donne aussi la joie de vivre dans un site verdoyant où le calme vous pénètre.

Le Château de la Montagne, aux arbres séculaires, le domine; la Vieille-Montagne, au sentier rapide et pénible, à 600 mètres d'altitude récompense par une vue magnifique l'intrépide marcheur qui en atteint le faîte.

Et le Beuvray, à plus de 800 mètres, où l'on arrive en char traîné par des bœufs à lente allure. Le panorama est superbe, immense; il s'étend sur les monts du Morvan et du Forez. Le soleil était de la partie; la brume avait disparu; conditions nécessaires pour la réussite de l'excursion.

II

CHÂTEAU-CHINON, LAC DES SETTONS.

La route de Saint-Honoré à Château-Chinon traverse des bois, côtoie des pâturages, monte, descend sans cesse; les tournants découvrent des vues toujours renouvelées.

Sur les bords du chemin, parmi l'herbe, les fougères, les chardons, nombre d'animaux cherchent leur vie. Les moutons morvandeaux renommés, dont la côtelette a le goût de noisette, nous dit-on; des cochons isolés se gondolant dans les fossés; des poules vagabondes; des oies en famille dont les chefs ont le cou armé d'un petit échalas transversal pour les empêcher de passer les haies; paresseusement couchées sur le chemin elles se dérangent au dernier moment sous les pas des chevaux; brusquement elles se sauvent, mais aussitôt reprenant leur sang-froid elles s'avancent cérémonieusement en ligne indienne nous saluant au passage de leurs cris harmonieux; quelques canards aussi distingués d'allure.

Plus loin, les dindons apparaîtront, en petit nombre sans doute, allant en désordre et notre approche provoquera chez eux des cris de désespoir.

Et les habitants ! ce sont des Huns, restés en certaines régions du Morvan depuis la retraite d'Attila, envahisseur de la Gaule au V° siècle, avec 700.000 combattants. Vaincu à Châlons-sur-Marne par le général Aétius, Attila dut repasser le Rhin; 160.000 hommes périrent dans cette gigantesque bataille.

On est loin de ces prodigieux massacres aujourd'hui, malgré la perfection des armes ou plutôt à cause d'elle.

Les Morvandeaux descendants des Huns, si cette version est exacte, ont la tête carrée, les yeux petits et en amande, la face aplatie, le nez légèrement épaté, les cheveux raides et le visage pâle.

Leur caractère ne se ressent plus de cette origine; leurs ancêtres aux temps passés étaient assez mal notés, chacun sait ça; ils sont polis, religieux, serviables.

L'habitant du Morvan n'est guère fumeur; il glisse volontiers, sournoisement, une prise de tabac dans son nez, croyant n'être pas vu.

L'alcool n'est pas en faveur en ces parages; le bon petit vin venant d'Avallon ou des régions voisines est plus goûté.

— Foin de la bière, s'écrie notre excellent cocher; le vin vaut mieux; il est plus *forcieux*; une bonne chopine de vin nourrit l'homme.

Le bourg de Moulins-Engilbert a belle apparence; son ancienne église romane, comme le sont presque toutes celles du pays, d'un style sobre, fait bon effet; un vieux château-fort dont il reste quelques vestiges commandait le pays.

Nous quittons la grande route pour gagner Saint-Léger de Fougeret dont on aperçoit au loin le clocher; la montée à flanc de côteau est un des plus beaux passages de notre chevauchée; c'est un enchantement. Il n'y a aucune association de l'art et de la nature; le pittoresque est le seul maître; il nous ravit par sa grâce sans apprêts.

De la terrasse de Saint-Léger la vue s'étend vers un horizon sans bornes. La gradation du paysage, depuis les premiers plans couverts de prairies verdoyantes et fleuries entourées d'arbres au frais et jeune feuillage, jusqu'aux lointains bleuâtres, produit des effets de lumière inoubliables.

Peut-être manque-t-on un peu ici du murmure des eaux qui, en Suisse, donne une vie plus intense à l'ensemble.

Le curé, fier de son église qui domine la contrée, nous la montre en détail.

— Elle s'est écroulée, dit-il, mais on l'a rebâtie en l'armant de contre-forts solides.

Ses paroissiens sont ses amis; ils viennent en grand nombre aux offices à la grande joie du pasteur.

Une religieuse, conduisant sa petite voiture, vient à passer; un chien mignon est assis près d'elle sur la banquette.

Mon Kodak est prêt, je vais prendre le groupe.

— Non, non, dit la religieuse, c'est peut-être défendu; si c'était un péché.

Mais le curé l'exhorte, prend l'âne docile par la bride et tourne la voiture.

L'instantané est pris; parfait.

Puis la descente commence. On contourne les vallées par des fers à cheval, selon l'expression du cocher.

La route est bonne, bien empierrée; le fond est en granit.

— Elle est mauvaise, répète l'homme; elle monte et descend toujours.

— C'est ce que je préfère, mon ami; le plat n'attirerait pas les touristes; nous ne serions pas là.

— Ça roule bien tout de même, conclut-il.

Nous voici à Château-Chinon perché à 600 mètres sur mer; du Calvaire on découvre une vue très pittoresque sur les monts et les vallées du Morvan.

L'hôtel est bon, l'hôtesse très affable, le déjeuner bien servi ; la ville est propre, l'eau de l'Yonne y est amenée depuis peu ; des fontaines gratuites desservent tous les quartiers ; depuis six mois la lumière électrique produite par une force motrice de l'Yonne éclaire les rues et les magasins ; la sous-préfecture est à peine terminée ; une mairie nouvelle est commencée ; l'église date de 1895.

Il y a de l'initiative dans cette ville de 3.000 âmes à peine.

L'église a été terminée *tout à l'heure* nous dit un habitant ; elle est romane avec une tour extérieure ; faute d'argent, les chapiteaux sont réservés pour l'avenir.

L'architecte a offert un vitrail où il est représenté sous le nom de Sanctus Andochius, son patron, martyr, une palme à la main, avec une belle barbe rouge ; en arrière le plan de l'édifice.

La route nous conduit à Planchez, village et église de pauvre apparence ; le pays est moins riche jusqu'à Montsauche ; les genêts d'un jaune éclatant se montrent sur les champs, les côteaux ; l'effet est superbe au soleil couchant.

Le crépuscule tombe, les teintes s'adoucissent,

tout rayonne du ciel à la terre. Au lac des Settons, les ombres descendent lentement sur les eaux, le silence est si doux, la nature si calme, c'est ici un véritable paradou.

Le lac des Settons, situé à 600 mètres environ sur mer, comprend 400 hectares; il contient vingt-cinq millions de mètres cubes d'eau; il est utilisé pour alimenter le ruisseau de la Cure, pour le flottage des bois et le canal du Nivernais.

Le pourtour de cet immense réservoir d'eau est de vingt-sept kilomètres; truites, ferâs, brochets, carpes, tanches, etc., vivent dans ses eaux; dans ses îles foisonnent le lapin de garenne et le gibier d'eau, bécassines, canards, sarcelles.

L'hôtel a une belle vue sur les bassins inférieurs dont les poissons sont protégés contre les loutres par un mannequin surnommé la fée des eaux; un bon garde vaudrait mieux à coup sûr.

C'est ici qu'est mort subitement, il y a quelques années, le célèbre docteur Charcot, en déplacement dans le Morvan dans la famille du grand Pasteur.

III

MONTSAUCHE, QUARRÉ-LES-TOMBES.

La fraîcheur de la nuit a déposé sur les gazons, les prairies, les blés, les arbres feuillus une rosée bienfaisante. A son lever, le soleil tire de la terre et des eaux du lac une vapeur qui donne à la nature entière une vie nouvelle, adoucissant les contours, fleurant l'atmosphère.

— Vous trouverez la voiture près de la porte, *tout de suite*, nous dit l'hôtesse, d'origine auvergnate. Nous sommes prêts.

Mais quels cris forcenés éclatent près de la maison ; un chien chasse les poules, les poulets qui fuient en désordre de toutes parts en poussant des clameurs. Imitant leur langage un perroquet bavard exagère le tapage ; il est intarissable ; à lui seul, dans ce désert si calme, il fait du bruit comme cent ; tout lui est permis, c'est le chéri de la maîtresse.

En une demi-heure, nous voici à Montsauche, chef-lieu de ce canton, très vaste, mais dont la terre est assez pauvre.

L'église domine le bourg ; un musée cantonal

créé par le docteur Monod est installé à la mairie; il est intéressant.

Un saint de bois, du XIIe siècle, raide dans sa tenue, correct dans sa pose, avec deux statues plus petites du XIIIe, est le joyau de ce petit musée.

Un arrache tripes, lance en bois terminée par une pointe en fonte dentelée, faite en 1870; cinq cents lances du même modèle étaient préparées pour armer les Morvandeaux et repousser l'ennemi.

Le pantalon rouge d'un brave lignard blessé à Sedan est accroché au mur; il porte la déchirure d'une balle.

Ces reliques patriotiques font honneur au pays; il est bon de conserver le souvenir du passé, récent encore; l'avenir n'est pas loin.

Une route, toujours belle, nous conduit au saut du Gouloux, jolie chute d'eau qui dessert un moulin. La roue hydraulique est à l'extérieur; par les fissures du conduit d'amenée, des filets d'eau s'échappent; la roue projette aussi dans sa rotation des gouttelettes qui brillent au soleil; c'est un feu d'artifice d'eau cristalline. Le spectacle est joli; la scène bien encadrée.

La pente de la route dépasse sept centimètres par mètre; aussi le Touring club a-t-il jugé prudent de prévenir par une pancarte fixée sur un poteau les bicyclistes, que la côte est rapide et que de nombreux tournants la rendent plus dangereuse encore.

— Méfiez-vous sur le bord du chemin, me dit un cantonnier; il y a beaucoup de vipères de nos côtés; c'est par ici qu'elles sont le plus venimeuses.

Faisant un bouquet de bruyères, je recule prudemment et sur la route j'aperçois une vipère immobile, écrasée heureusement le matin par la roue d'une voiture. On a supprimé la prime allouée par chaque tête de vipère tuée; aussi leur nombre ne diminue plus, au contraire.

Descente rapide sur le village de Saint-Brisson; puis dans la forêt Chenue la route court entre une ligne de rochers et une petite rivière. Dans les coupes de bois, la pente du terrain est très forte; les bœufs descendent cependant, traînant des chars remplis d'écorces; les braves bêtes ne craignent rien; leur prudence défie tout accident; avec une sage lenteur ils arrivent au chemin.

Le terrain n'est guère fertile; le chêne, orgueil de nos bois, n'y atteint pas de nobles dimensions, le hêtre non plus; on ne voit pas de grandes futaies. De ci, de là, quelques châtaigniers s'accommodent d'une terre légère; ils ne se couronnent pas: pour cela il faudrait deux ou trois siècles;

aussi un seul châtaignier du Morvan ne pourrait-il, comme ceux de l'Etna, couvrir cent chevaux; il en abriterait vingt à peine.

Les forêts sont mal percées, les lignes étroites, irrégulières, les déclivités du terrain très fortes, aussi la chasse est-elle difficile et pénible; la poursuite du chevreuil, du lièvre, n'est certes pas une sinécure, il faut jouer des jambes; les chiens courants paraissent de race; quelques sangliers de passage s'y rencontrent.

Un rocher surplombe la route; au dessus un chien de pierre semble garder le passage. N'hésitons pas, avançons; le molosse n'a pas aboyé; depuis des milliers d'années il est pétrifié; il ne peut plus mordre.

Nous voici à D'Hun-les-Places; le nom même indique la descendance des Huns. Le site du bourg est très pittoresque; d'un monticule voisin, isolé de toutes parts, le paysage paraît doux et verdoyant. Les lointains deviendront bleuâtres à la tombée du jour et de tous les côtés, embrassant l'horizon, la vue s'étend sur un cirque immense, aux gracieux contours.

Une très belle église romane, moderne, érigée par un ancien capitaine de vaisseau à la suite d'un vœu formulé au milieu d'une effroyable tempête, fait l'orgueil des habitants.

— Elle est en pierre de granit, jusqu'au faîte du clocher, nous dit l'aimable et excellent curé de D'Hun, en nous faisant les honneurs du temple.

Malgré une dépense de plus de 400.000 francs, le généreux donateur n'a pu achever son œuvre; les bases et les chapiteaux des colonnes restent à faire; les joints des pierres laissent passer l'eau; l'humidité envahit l'édifice qui restera sans doute inachevé; l'architecte a oublié la sacristie — Il n'a pas voulu déshonorer sa façade, a-t-il dit; il la voulait régulière d'un bout à l'autre et l'accessoire indispensable pour le culte a été omis.

En avant du portail, une croix en pierre du XIIe siècle, portant d'un côté un Christ, le corps raide, les bras étendus, de naïve exécution; de l'autre une Vierge tenant l'enfant Jésus, protégée par le Saint-Esprit qui descend au dessus du groupe, les ailes déployées, la tête en bas, le corps allongé, plaqué les pieds en l'air, est merveilleuse de style; les extrémités des bras de la croix, sur les côtés et au dessus, portent leurs fleurons. Le monument est en granit; il est très bien conservé.

— La population a diminué depuis quelques années, dit le curé; on voit ici surtout des vieux et des jeunes; l'âge intermédiaire ne paraît pas suffisamment représenté.

— Pourquoi cela ?

— C'est que les hommes vigoureux, résistants, vont travailler dans les fermes de l'Aisne, du Nord, etc., pour conduire les attelages de bœufs dont l'emploi se vulgarise de plus en plus dans cette région de forte culture.

Les jeunes femmes font d'excellentes nourrices ; elles sont très recherchées à Paris et dans les grandes villes ; douces, faciles, aimant leurs nourrissons, elles restent généralement plusieurs années dans les familles.

Leurs propres enfants sont élevés au bourg ou dans les villages voisins par les grands parents. Le père, la mère ne les oublient pas, ils envoient de l'argent, ce qu'il faut ; une fois l'an, ils viennent les voir ensemble ce qui souvent provoque un accroissement de la famille.

Voilà pourquoi on ne voit que des vieux et des jeunes.

Quinze années, plus quelquefois se passent et une jolie maison s'élève ; une famille aisée s'y installe ; les parents, les enfants, sont réunis ; pour peu de temps sans doute, car la génération suivante fera de même.

Ce système est en grande faveur depuis un tiers de siècle ; la dépopulation n'est que momentanée ; on revient au pays, plus riche.

La terre est pauvre; elle vaut environ 30 francs l'hectare de location annuelle; le prix montera. A Châtillon, sur les confins du Morvan, le sol est meilleur, les débouchés plus faciles; le prix de location atteint 60 francs; il n'y a guère de plus-value à espérer.

Les chevaux sont courts, vigoureux; leur sobriété est remarquable; cette race est résistante aux fatigues et aux intempéries des saisons; elle est voisine de la race de l'Ukraine; les chevaux des Huns laissés dans le Morvan se sont peut-être perpétués jusqu'à présent, sans trop de mélange dans le sang.

Arrivent tous les enfants du bourg; l'heure du midi les appelle; la soupe est chaude; à table. Mais il faut bien jouer un peu, encore, avant de rentrer.

— Au signal, mes amis, partez du porche de l'église; courez au plus vite vers moi...

Ils se précipitent comme une volée de pierrots; la course est faite; pas de vainqueur, pas de Grand Prix; vingt-cinq coureurs sont reçus dans mon kodak, ensemble; qu'ils y restent.

Le prudent cocher nous mène, après avoir traversé la vallée, remonté par une rampe assez longue le côteau opposé, par la forêt du Breuil à Saint-Aignan, petit village modeste. Une exploitation agricole, qui paraît très bien tenue, y fait bonne figure; nous contournons la petite chapelle du château, suivons en montant un pays charmant; le caractère n'est plus le même; il y a moins de pâturages, de haies, plus de culture; les blés sont magnifiques; partout d'ailleurs la récolte a très bonne apparence.

Dans un fond verdoyant apparaît le monastère de la Pierre qui vire; du village de Vaumarin, on y descend à pied par un sentier ombragé.

Le monastère a été bâti par les Bénédictins, blancs et noirs comme on dit ici, il y a quelques années; le père François, ancien charron, en a été l'architecte. Son église a 40 mètres de longueur; la hauteur des voûtes est de 14 mètres.

Un chemin de croix monumental fait grand effet au flanc du côteau, dans les bois, sur les bords du Rinclin.

Dans le site le plus sauvage, les Druides célébraient leurs mystères et exécutaient leurs sacrifices sur la Pierre qui vire; aujourd'hui la pierre est fixée, une statue colossale de la Vierge est érigée sur elle.

Laissant sur la droite Saint-Léger de Fourcheret, patrie du maréchal de Vauban, par une rampe raide nous gagnons Quarré les Tombes.

Ce bourg, chef-lieu de canton, est dans une

situation splendide ; il domine au loin les campagnes et les bois ; la vue y est superbe, très étendue. Mais aussi par lui-même Quarré mérite tous les égards ; une place très grande, très propre aussi, bordée de maisons et d'hôtels, plantée d'arbres, au centre du pays, rassemble toute la population ; la place est horizontale, — j'aime assez cela — car toutes les routes, sauf une, sont escarpées comme des échelles de meunier.

Nul ne saurait passer sans être vu ; on ne peut mal faire, tout le monde vous verrait. Cela d'ailleurs n'est pas à craindre ; la population de Quarré est aimable, accueillante, elle a de bons sentiments ; sa politesse est renommée, son langage châtié.

Quelle joie de rester un peu dans ce délicieux pays.

Le soleil est à son déclin, la façade de l'église est en pleine lumière ; les vieux saints de pierre qui s'y tiennent debout depuis des siècles font bien ; j'envoie le jeune garçon de notre aimable hôtesse se poster sur la terrasse devant le porche ; l'instantané prend le tout.

A l'intérieur, colonnes, voûtes, arêtiers, une statue en bois du Christ remarquable, le tombeau d'un comte de Chastellux.

Autour de l'église, des tombes des VIe et

VII⁰ siècles, et aussi des Romains, parait-il ; on les a trouvées un peu partout aux environs ; elles sont rassemblées là ; il y en a bien une soixantaine ; quelques ossements des ancêtres ont été réunis en certains points.

Cette collection a complété le nom de Quarré les Tombes.

IV

CHASTELLUX, SAINT-PÈRE

Ce matin dimanche, par un soleil radieux, la procession de la Fête-Dieu animera le bourg; les préparatifs sont faits, des fleurs dans l'église, un reposoir sur la place; de tous côtés les fidèles arrivent pour y assister.

Par une route excellente, en granit, comme toutes celles du pays, nous arrivons à Saint-Germain-des-Champs. Église bien tenue; un saint en bois du vieux style. Un reposoir magnifique est préparé; l'aimable curé hâte la fin du décor; de charmantes jeunes filles s'empressent pour l'achever; l'œuvre a fort bon air; elle montre le goût artistique de la population.

— Groupez-vous, mes amis.

Le curé comme un général commandant son armée, les jeunes filles en toilette, en robe blanche, la religieuse, une bonne vieille avec son bonnet morvandeau, les enfants de chœur couronnés assis par terre en avant; tous au pied du reposoir garni de fleurs, armé de candélabres et de cierges flamboyants, réunis en une sainte assemblée, sont pris à l'improviste. Ils sont peut-être un peu nombreux, mais aucun ne reste dehors ; la chambre noire les absorbe tous ; ils figureront dans ma collection pour les âges futurs.

Par une pente rapide, nous descendons à Chastellux ; le château domine la fraîche vallée ; au fond, la rivière la Cure qui transporte dans les crues les bois débardés des forêts ; un pont élevé sur de hautes piles, évitant pour la route une horrible descente dans un abîme, est un trait du paysage.

Dans le parc, des arbres séculaires, une futaie seigneuriale, encadrent cette noble demeure ; le site est vraiment admirable.

Le château est d'un aspect imposant ; donjon, tours crénelées, chapelle, poivrière, font dans leur ensemble revivre le passé.

Sur la tour Saint-Jean, l'épitaphe suivante :

« Olivier de Chastellux et Marguerite d'Amboise ont fait bastir cette tour l'an 1392. »

Dans le parc un chien caniche vient à notre rencontre ; noir, frisé, moustachu, gentil d'aspect, ce doit être un ami ; il nous montre les dents cependant ; il défend son domaine.

— Les maîtres sont à Paris, dit le garde ; le chien s'ennuie.

A l'intérieur, la salle d'armes portant les écussons de la noble famille, le grand salon, la chapelle, une mosaïque dans la tour Saint-Jean, méritent d'être vus. Au pied du château, hôtellerie du Maréchal de Chastellux rappelant le vainqueur de la bataille de Cravant.

Nous y déjeunons fort bien; l'accorte hôtesse, entourée de ses quatre fils charmants, travaille avec ardeur devant la grande cheminée, garnie de deux vieux landiers en fer forgé.

— Pourquoi l'un de ces landiers a-t-il été raccourci de moitié?

— C'est mon grand-père qui l'a coupé, réplique l'hôtesse; il était gêné pour préparer le fricot, retourner les omelettes, apprêter les fritures.

— C'est dommage.

La chaleur est suffocante, nous gagnons Vézelai, à travers les bois d'Uzy dont l'exploitation paraît un peu forcée; le bûcheron ne fait pas grâce aux vieux chênes; la futaie ne paraît guère en honneur ici.

En sortant de la forêt, du village de Ménades, Saint-Père au fond de la vallée, Vézelai sur un rocher élevé, se présentent d'admirable façon.

— A Saint-Père, me dit notre cocher, il y a des saints de toutes les manières; en pierre, en bois, dedans, dehors, mais il y en a bien des cassés.

Un effroyable choc des armées de Charles le

Chauve et de Gérard de Roussillon, son vassal, eut lieu au Van Boutot, climat de Saint-Père.

Gérard gagna la bataille.

« Si grande fut la bataille, si furieuse, si acharnée que la terre fut couverte du sang des guerriers tués ; si terribles les coups que frappèrent les épées au pommeau d'or massif qu'une très grande rivière qui se nommait Arsis et qui coule avec impétuosité dans la vallée, devint toute rouge du sang répandu à flots.....

« La douleur de ceux qui perdirent là leurs amis fit donner à cette rivière le nom de Cure, ce qui signifie gent à qui le cœur saigna de douleur, de tourment et d'angoisses. »

Gérard de Roussillon et sa femme la pieuse Berthe fondèrent une abbaye de filles par reconnaissance pour la victoire et aussi par compassion pour les victimes.

Bientôt le monastère dévasté par les Normands qui tuèrent les religieuses, fut transporté sur le sommet inaccessible de Vézelai et affecté aux moines de Saint-Benoît.

L'église de Saint-Père est du XIe, du style gothique ; la tour carrée s'élève hardiment dans les airs ; la base n'a pas d'autres décors que les arcs ogives figurés sur les murs ; au-dessus deux longues baies ogivales que sépare un élégant trumeau et surmonte un trèfle ajouré; aux angles, des statues, des anges sonnant de l'olifant; le dernier étage est octogonal; le faîte se termine par une pyramide.

Cette tour, dans son ensemble comme dans ses détails, est d'une hardiesse d'exécution et d'une délicatesse de travail extrêmes.

Le porche ou narthex, bâti vers la fin du XIIIe, est remarquable par son élégance et la richesse des sculptures; il comprend six voûtes en arcs ogives sur lesquels courent des crochets, terminés par de jolis fleurons; il est découpé à jour; des gargouilles un peu fortes, des grenouilles géantes, déversent les eaux de pluie.

Le fronton triangulaire à crochets, flanqué de deux élégants clochetons, est décoré de statues.

Excellentes sculptures sous le porche; un tombeau de 1258; grande porte du style bourguignon; la statuaire est très bien traitée.

Très riche au dehors, Saint-Père est plus froid à l'intérieur; le style est ogival du XIIIe siècle; des têtes grotesques ou sévères supportent des colonnettes, les retenant en l'air.

Au midi, chapelle de Saint-Vincent: vitrail représentant le Saint, dans un médaillon au-dessous, un vigneron travaillant sa vigne; dans un autre vitrail, Saint-Blaise, au-dessous un laboureur guidant sa charrue traînée par deux bœufs. On saura qu'à Saint-Père, il y a nombre de vignerons et de laboureurs.

De la maison du cordonnier, située en face le porche, je cherche à photographier ces merveilles; c'est difficile, le soleil étant assez mal placé pour cela; enfin, c'est fait.

V

VÉZELAI

Après une très forte rampe qui mène à Vézelai, le cocher nous arrête sur la grande place du marché; de là, par une rue rapide, conservant des vestiges du passé, nous arrivons à la Madeleine.

Eudes, premier abbé, fit consacrer par le Pape Jean VIII, la première église du monastère en 879.

La basilique fut commencée en 1096 par l'abbé Artaud, assassiné dans une émeute populaire avant d'avoir mis la dernière main à son œuvre.

En 1120, la veille de la fête de Sainte-Madeleine, les pèlerins étaient entassés dans les trois nefs romanes quand tout à coup un violent incendie se déclara; les charpentes s'embrasèrent; le toit s'écroula; plus de mille personnes périrent sous les décombres. Les parties détruites de la Madeleine furent aussitôt rebâties.

L'abbé Alberic, clunisien réputé pour sa sagesse et sa vertu, fit construire, en 1132, en avant du portail, le Narthex ou Église des catéchumènes, — les non baptisés ne pouvaient pénétrer plus loin dans le temple — pour y recevoir, aux jours solennels surtout, les pèlerins de tous les pays qui venaient à Vézelai vénérer les reliques de sainte Marie-Madeleine.

Ponce de Montboisier succéda à Albéric; il avait été élevé au Monastère de Vézelai; il affranchit son abbaye de toutes les servitudes envers Cluny, les Comtes de Nevers et la rendit puissante et riche; de son temps avait eu lieu la prédication de la deuxième croisade à Vézelai.

Le pape Pascal II s'arrêta à Vézelai en 1106 en allant consacrer les églises de la Charité et d'Avallon; un autre Pape, Innocent II, assista en 1132, à la bénédiction du magnifique Narthex ajouté à la basilique romane.

L'abbaye avait été opprimée de nouveau et de rude façon par Guillaume IV, comte de Nevers; Louis VII se présenta en 1167 à Vézelai comme médiateur; la réconciliation fut célébrée avec un grand éclat et le comte partit pour la Terre Sainte où il mourut.

Vingt-cinq ans de paix et de tranquillité avec l'abbé Girard d'Arcy, élu en 1171.

Philippe-Auguste et Richard Cœur-de-Lion viennent au mois de juillet 1190 à Vézelai, rendez-vous des armées française et anglaise lors de la troisième croisade.

L'abbé d'Arcy, avec qui finirent les temps héroïques de l'abbaye, fit construire, en remplacement de l'abside romane brûlée en 1165, le chœur gothique tel qu'il existe aujourd'hui.

On accède au pied de la façade de la Madeleine par un perron de huit marches. Trois portes, deux tours carrées, romanes; au-dessus de la porte centrale grande scène du jugement dernier.

Le fronton du portail central, ajouré, a remplacé au XIIIe siècle la décoration romane; on a voulu sans doute mieux éclairer le Narthex; cinq baies ogivales, formant un groupe pyramidal, sont entourées de puissantes statues.

Détails très intéressants dans le Narthex; les chapiteaux des colonnes engagées sont de style byzantin, historié; leur examen détaillé est amusant. Au-dessus d'une tribune, des arcs ogives; c'est le premier exemple en France de ce genre de structure.

Le portail de la basilique, protégé par ce porche fermé, est bien conservé; des bas-reliefs, des sculptures un peu barbares le décorent de façon variée et naïve. C'est une des œuvres les plus remarquables du Moyen âge.

Sur les linteaux, d'un côté les pèlerins apportent des présents, de l'autre ceux qui sont amenés par la curiosité, la cupidité, la vanité sont avertis par

Saint-Pierre et Sainte-Madeleine de se corriger de leurs vices, s'ils veulent que leur pèlerinage soit béni. Les têtes d'une femme et d'un enfant portent des oreilles immenses.

Au-dessus de ces linteaux, la scène du Christ dans sa gloire entouré des douze apôtres, tous nimbés.

— Toutes les portes romanes, écrit Viollet-le-Duc, pâlissent à côté de cette page conçue d'une façon magistrale ; la sculpture est en outre d'un très beau caractère.

La basilique a 120 mètres de longueur en œuvre : le porche ou narthex 21^m 60 ; la grande nef romane 62 ; le chœur gothique 26^m 60 ; la largeur ne dépasse guère 20 mètres.

Le vaisseau paraît, avec ses colonnes romanes aux chapiteaux historiés, ses piliers gothiques à la suite et le chœur aux voûtes d'arêtes légères d'un développement énorme, la largeur semblant plutôt restreinte.

Les chapiteaux historiés, romans, au nombre d'une soixantaine, sont très curieux. Le plus ancien de tous représente Adam et Eve dans le paradis terrestre, il date du IXe siècle.

Et les autres : Absalon désarçonné est pendu par ses longs cheveux, Joad lui coupe la tête avec une large lame plate comme un couteau à servir le poisson; David huché sur un tabouret de pierre tranche le cou de Goliath avec une arme semblable: Moïse descend du Sinaï et chasse le démon à la figure sauvage s'échappant de la bouche du veau d'or: puis le mauvais riche tiré de son palais par trois diables sous les yeux de Saint-Antoine qui prie: la femme impudique, aux cheveux ébouriffés, qui s'arrache les entrailles sous les yeux d'un diable cornu, orné d'une petite queue de lapin: des travaux de l'année, la moisson, la vendange; des animaux bizarres tirés des bestiaires; des feuillages d'une pureté d'exécution extrême.

Au transept, des ogives élancées; la lumière passe à flots par les baies; d'élégantes galeries en font le tour.

Le chœur est de pur art bourguignon; il est formé par dix colonnes monolithes, légères, qui portent les arcades ogives; c'est un véritable chef-d'œuvre.

Dans la crypte, creusée dans le rocher, est conservé un ossement, relique de Sainte-Marie-Madeleine.

La chapelle basse, close d'un côté par un vestibule moderne, comprend quatre magnifiques piliers portant cinq arcades à plein cintre.

Il a été dépensé près d'un million de francs

pour la restauration de l'église de Vézelai dans le siècle présent ; c'est un des plus merveilleux monuments de l'art religieux que l'on puisse voir.

Des désordres s'étaient introduits dans les couvents devenus trop riches ; c'est ce qui arriva à Vézelai.

La décadence était proche ; mais les deux visites de Saint-Louis en 1267 et surtout en 1270 quand il partit pour la dernière croisade, lui rendirent pour quelque temps l'éclat des grands jours.

En 1352, Hugues de Maison-Comte est nommé abbé ; c'est une grande figure. Seigneur féodal, avec quatorze écuyers, il combat à la bataille de Poitiers ; fait prisonnier avec Jean II, l'Abbé resta deux ans captif en Angleterre.

A son retour, prévoyant la rupture de la trêve avec les Anglais, Hugues fortifie le monastère, relève les murailles de Vézelai.

Dans cette situation imprenable, peu d'années après, les moines et les habitants voyaient de leurs remparts défiler l'armée anglaise, les grandes compagnies, les pillards et les soudards qui s'abattirent alors sur la basse Bourgogne.

Aussi le roi Charles V nomma Hugues, membre du Conseil Royal.

On vit ici au milieu des siècles passés ; cette histoire si lointaine est rappelée par ce merveilleux monument, les remparts, les tours, les rues étroites de la ville. Ces statues, ces arcs, ces colonnes, ces linteaux, ces fleurs de pierre, tout y ramène l'esprit.

Vive le granit, si dur, si résistant ; il défie les siècles ; seule la rage d'un envahisseur, d'un normand, d'un anglais, d'un écorcheur, d'un pillard, a pu briser quelques têtes ; mais il y en avait tant ; il en reste un assez grand nombre pour montrer aujourd'hui encore ce qu'était cet art naïf, un peu barbare peut-être, mais si vécu, si vrai, de ces temps héroïques.

Au XVe siècle, la guerre des Armagnacs et des Bourguignons, puis la hideuse expédition des Écorcheurs jetèrent la terreur dans le pays.

La paix avait été faite entre Charles VII et Philippe le Bon par l'entremise d'Alexandre, abbé de Vézelai. C'est alors que parurent les écorcheurs ; mais les Avallonais et les Vézéliens faisaient bonne garde ; ils surent défendre leurs forteresses.

François Ier, en 1538, sollicita une bulle de sécularisation ; les moines la réclamaient aussi ; le Pape Paul III l'octroya. Les Abbés purent alors se faire remplacer au Chapitre et furent dispensés de la résidence. Riches, mondains, ils restaient à la Cour, venaient peu à Vézelai.

L'un deux, Odet, duc de Châtillon, frère de l'amiral de Coligny, était à vingt ans, archevêque de Toulouse, évêque de Beauvais, cardinal diacre de l'Église romaine.

Il embrassa la religion réformée, ne renonçant pas à ses dignités ni à ses bénéfices ; dégradé par le Pape, condamné par le Parlement, il s'enfuit en Angleterre avec une femme qu'il épousa et y mourut, empoisonné par son cuisinier.

Les Huguenots, devenus maîtres de Vézelai, firent de la basilique un grenier à fourrage et une écurie pour leurs chevaux.

Charles IX rendit la Madeleine aux catholiques.

Le dernier abbé de Vézelai, Lebarde d'Argenteuil, nommé en 1769, fit administrer l'abbaye par M. de Saint-Phal et mourut, en prison, à Paris, pendant la Terreur.

D'une terrasse, derrière la Madeleine, dominant les vallées, bordée par les anciens remparts et les tours en ruine de la forteresse, la vue est merveilleuse ; c'est un des panoramas les plus beaux du Morvan.

Sous les arbres, quelques paisibles habitants jouent aux boules ; ils sont gais, plaisantent entre eux ; ils paraissent de braves gens.

Du banc de l'hôtel, après le dîner, à la tombée de la nuit, quel calme, quel silence! que l'on est bien ici!

— L'heure du repos est arrivée. Que je vais bien dormir!

Ah! bien oui; et les chats! il faut compter avec eux.

Sur le toit ils s'appellent par des cris aigus, des miaulements étranges. Est-ce l'amour qui les rapproche ou une bataille qui va commencer.

On ne sait; ces petites bêtes féroces, trompeuses, rusées, assouvissent leur ardeur avec défiance; elles se séparent remplies d'effrois.

Autre chose: des souris légères trottent dans le grenier; quand le chat court sur les toits, les souris dansent, d'après le dicton.

Enfin après deux heures de vacarme, le bruit cesse; le sommeil va venir. Mais le jour apparait; le mouvement de l'hôtel commence; la nuit est finie; à plus tard le repos.

VI

DE VÉZELAI A AVALLON

De bon matin, suivant notre habitude, nous quittons le bourg de Vézelai pour gagner Avallon, terminus de notre excursion morvandelle. Passant par le village de Saint-Père, visite nouvelle de sa délicieuse église; on ne se lasse pas de l'admirer; les détails si légers, les découpures si hardies dans la pierre ressortent nettement par le soleil matinal; leur délicatesse, mise en valeur, y gagne encore.

Nous voici à Pierre-Perthuis; par un sentier, on accède à l'église située au point le plus haut. Sous le porche, une très vieille statue de bois; la porte est fermée, l'intérieur nous restera pour toujours inconnu.

La Cure est tout au fond, très encaissée; la route passait sur un vieux pont; cet affreux passage, si pittoresque et si dangereux en même temps pour les chevaux, est abandonné ; un beau pont moderne livre le passage à la route au niveau des rochers.

Des rochers de granit et d'arköse sont rangés en bataille sur la rive gauche ; une pierre percée, arcade naturelle de six mètres de hauteur, a fixé le nom du village.

Il reste quelques ruines du vieux château-fort ; le presbytère installé dans une tour dominant le ravin forme un joli tableau.

Après le petit village de Palle-l'Eppenay dont l'église basse a pour patron Saint-Nicolas, représenté sur un vitrail, sur la bannière et en statue, la route nous mène en longeant des bois à Island. A droite, la ferme du Sauce et une ancienne chapelle des Templiers.

Pontaubert, joli bourg sur la grande route ; une croix en granit, de vieux style, sur une allée plantée d'arbres ; en face, l'église, sobre, un peu sévère, du XIIe ; clocher élevé en pierre ; sous le porche, une ancienne pierre tombale.

La rivière le Cousin franchie, nous prenons à droite dans la vallée, en remontant la rivière par les îles de la Baume.

— C'est une petite Suisse, disent les habitants.

Des rochers grisâtres où l'on a reconnu le petit doigt de Gargantua, une eau jaunâtre, beaucoup de verdure ; le passage est intéressant.

Nous entrons dans Avallon, joliment situé, dominant une vallée fertile et des côteaux produisant du bon vin. Rues larges, bien percées, propres, promenades plantées, vue magnifique.

Ancienne place forte, Avallon a subi bien des guerres ; les ligueurs le pillèrent en 1594.

En montant la rue principale nous rencontrons l'Hôtel de Ville, l'école communale dans l'hôtel du Grand Condé, la tour de l'Horloge, ancien beffroi sous lequel passe la rue ; cette tour a été bâtie au XVe siècle, la cloche fondue en 1486 ; musée assez curieux, belle salle des Échevins.

Plus loin un bijou : la façade de l'église Notre-Dame et Saint-Lazare du XIIe. Ce portail est très riche d'ornements, de sculptures, de jolis détails ; il possède des colonnes torses, on descend dans l'église par des degrés ; grandes voûtes, orgues en bois sculpté.

Une vieille tour rappelle les fortifications élevées au XVe ; quatre guérites en pierre, aux quatre points cardinaux, en encorbellement sur les murailles, font bon effet.

Voilà notre chevauchée dans le Morvan terminée ; le pays est frais, vallonné, ravissant au printemps. Si la nature plait, les habitants plaisent également; leurs manières séduisent; leur politesse charme. On se trouve tout heureux d'avoir vécu quelques jours dans ce pays.

Nos chaleureux remerciements à nos bons amis qui vivent sur les confins du Morvan pour nous avoir facilité cette agréable excursion.

TABLE

I. — Château-Rouge, Saint-Honoré. 5

II. — Château-Chinon, Lac des Settons 9

III. — Montsauche, Quarré-les-Tombes 15

IV. — Chastellux, Saint-Père 25

V. — Vézelai. 31

VI. — De Vézelai à Avallon 40

www.ingramcontent.com/pod-product-compliance
Lightning Source LLC
LaVergne TN
LVHW022211080426
835511LV00008B/1711